Diogenes Deluxe

ALBERT EINSTEIN, geboren 1879 in Ulm, stellte die Relativitätstheorie auf, mit der er neue Grundlagen für die moderne Physik schuf. 1921 erhielt er den Nobelpreis für Physik. Als Autor kennt man ihn vor allem durch seine Briefe: berühmt sein Schreiben an Präsident Roosevelt, in dem er – überzeugter Pazifist – sich aus Furcht vor einer deutschen Aggression für die Entwicklung der Atombombe aussprach. Seine Laufbahn als Professor führte ihn über Zürich, Prag und Berlin nach Princeton, wo er 1955 starb.

SIGMUND FREUD, geboren 1856 in Freiberg/Mähren, war Nervenarzt und ab 1885 Dozent in Wien. Er entwickelte die Psychoanalyse durch Einbeziehung des Unbewussten in die ältere Psychologie. Seine Schriften behandeln auch Probleme der Völkerkunde, der Religionswissenschaft, der Mythologie und der Literatur. 1938 verließ er das von den Nationalsozialisten besetzte Wien und ging nach London ins Exil, wo er 1939 starb.

Albert Einstein
Sigmund Freud

Warum Krieg?

Ein Briefwechsel

Mit einem Essay von Isaac Asimov

Diogenes

Der Verlag dankt für die Erteilung der Rechte:
The Hebrew University of Jerusalem, New York,
für den Brief Albert Einsteins und den – hier als
erster Beitrag erschienenen – Auszug eines Interviews,
das George Sylvester Viereck aufgezeichnet hat
(aus: ›Einstein on Peace‹, Simon and Schuster,
New York); dem Spiegel-Verlag, Hamburg,
für Isaac Asimov, ›Die gute Erde stirbt‹
(aus: ›Der Spiegel‹, Nr. 21/1971)
Der Brief Sigmund Freuds wurde entnommen aus:
Sigmund Freud, ›Gesammelte Werke‹, Band XVI,
S. Fischer Verlag, Frankfurt am Main
Covermotiv: Illustration von Trevor Basset, ›Bird‹

Veröffentlicht als Diogenes Deluxe, 2024

In Fragen zur Produktsicherheit (GPSR):
truepages UG (haftungsbeschränkt)
Westermühlstraße 29, 80469 München
info@truepages.de
20/25/852/2
ISBN 978 3 257 26183 7

Inhalt

ALBERT EINSTEIN

Für einen militanten Pazifismus

Es gäbe genug Geld, genug Arbeit, genug zu essen, wenn wir die Reichtümer der Welt richtig verteilen würden, statt uns zu Sklaven starrer Wirtschaftsdoktrinen oder -traditionen zu machen. Vor allem aber dürfen wir nicht zulassen, dass unsere Gedanken und Bemühungen von konstruktiver Arbeit abgehalten und für die Vorbereitung eines neuen Krieges missbraucht werden. Ich bin der gleichen Meinung wie der große Amerikaner Benjamin Franklin, der sagte: Es hat niemals einen guten Krieg und niemals einen schlechten Frieden gegeben.

Ich bin nicht nur Pazifist, ich bin militanter Pazifist. Ich will für den Frieden kämpfen. Nichts wird Kriege abschaffen, wenn nicht die Menschen selbst den Kriegsdienst verweigern. Um große Ideale wird zunächst von einer aggressiven Minderheit gekämpft. Ist es nicht besser, für eine Sache zu sterben, an die man glaubt, wie an den Frieden, als für eine Sache zu leiden, an die man nicht glaubt, wie an den Krieg? Jeder Krieg fügt ein weiteres Glied an die Kette des Übels, die den Fortschritt der Menschlichkeit verhindert. Doch eine Handvoll Wehrdienstverweigerer kann den allgemeinen Protest gegen den Krieg dramatisieren.

Die Massen sind niemals kriegslüstern, solange sie nicht durch Propaganda vergiftet werden. Wir müssen sie gegen Propaganda immunisieren. Wir müssen unsere Kinder gegen Militarismus impfen, indem wir sie im Geiste des Pazifismus erziehen. Der Jammer mit Europa ist, dass die Völker mit falschen Zielen erzogen worden sind. Unsere Schulbücher verherrlichen den Krieg und unterschlagen seine Greuel. Sie indoktrinieren die Kinder mit Hass. Ich will lieber Frieden lehren als Hass, lieber Liebe als Krieg.

Die Schulbücher müssen neu geschrieben werden. Statt uralte Konflikte und Vorurteile zu verewigen, soll ein neuer Geist unser Erziehungssystem erfüllen. Unsere Erziehung beginnt in der Wiege: Die Mütter der ganzen Welt haben die Verantwortung, ihre Kinder im Sinne der Friedenserhaltung zu erziehen.

Es wird nicht möglich sein, die kriegerischen Instinkte in einer einzigen Generation auszurotten. Es wäre nicht einmal wünschenswert, sie gänzlich auszurotten. Die Menschen müssen weiterhin kämpfen, aber nur, wofür zu kämpfen lohnt: Und das sind *nicht* imaginäre Grenzen, Rassenvorurteile oder Bereicherungsgelüste, die sich die Fahne des Patriotismus umhängen. Unsere Waffen seien Waffen des Geistes, nicht Panzer und Geschosse.

Was für eine Welt könnten wir bauen, wenn wir die Kräfte, die ein Krieg entfesselt, für den Aufbau einsetzten. Ein Zehntel der Energien, die die kriegführenden Nationen im Weltkrieg verbraucht, ein Bruchteil des Geldes, das sie mit Handgranaten und Giftgasen verpulvert haben, wäre hinreichend, um den Menschen aller Länder zu einem menschenwürdigen Leben zu verhelfen sowie die Katastrophe der Arbeitslosigkeit in der Welt zu verhindern.

Wir müssen uns stellen, für die Sache des Friedens die gleichen Opfer zu bringen, die wir widerstandslos für die Sache des Krieges gebracht haben. Es gibt nichts, das mir wichtiger ist und mir mehr am Herzen liegt.

Was ich sonst mache oder sage, kann die Struktur des Universums nicht ändern. Aber vielleicht kann meine Stimme der größten Sache dienen: Eintracht unter den Menschen und Friede auf Erden.

Februar 1931

ALBERT EINSTEIN

An Sigmund Freud

Caputh, bei Potsdam, 30. Juli 1932.

Lieber Herr Freud!

Ich bin glücklich darüber, dass ich durch die Anregung des Völkerbundes und seines Internationalen Instituts für geistige Zusammenarbeit in Paris, in freiem Meinungsaustausch mit einer Person meiner Wahl ein frei gewähltes Problem zu erörtern, eine einzigartige Gelegenheit erhalte, mich mit Ihnen über diejenige Frage zu unterhalten, die mir beim gegenwärtigen Stande der Dinge als die wichtigste der Zivilisation erscheint: Gibt es einen Weg, die Menschen von dem Verhängnis des Krieges zu befreien? Die Einsicht, dass diese Frage durch die Fortschritte der Technik zu einer Existenzfrage für die zivilisierte Menschheit geworden ist, ist ziemlich allgemein durchgedrungen, und trotzdem sind die heißen Bemühungen um ihre Lösung bisher in erschreckendem Maße gescheitert.

Ich glaube, dass auch unter den mit diesem Problem praktisch und beruflich beschäftigten Menschen, aus einem gewissen Gefühl der Ohnmacht heraus, der Wunsch lebendig ist, Personen um ihre Auffassung des Problems zu befragen, die durch ihre gewohnte wissenschaftliche Tätigkeit zu allen Fragen des Lebens eine weitgehende Distanz gewonnen haben. Was mich selber betrifft, so liefert mir die gewohnte Richtung meines Denkens keine Einblicke in die Tiefen des menschlichen Wollens und Fühlens, sodass ich bei dem hier versuchten Meinungsaustausch nicht viel mehr tun kann als versuchen, die Fragestellung herauszuarbeiten und durch Vorwegnahme der mehr äußerlichen Lösungsversuche Ihnen Gelegenheit zu geben, die Frage vom Standpunkte Ihrer vertieften Kenntnis des menschlichen Trieblebens aus zu beleuchten. Ich vertraue darauf, dass Sie auf Wege der Erziehung werden hinweisen können, die auf einem gewissermaßen unpolitischen Wege psychologische Hindernisse zu beseitigen imstande sind, welche der psychologisch Ungeübte wohl ahnt, deren Zusammenhänge und Wandelbarkeit er aber nicht zu beurteilen vermag.

Weil ich selber ein von Affekten nationaler Natur freier Mensch bin, erscheint mir die äußere beziehungsweise organisatorische Seite des Problems einfach: Die Staaten schaffen eine legislative und gerichtliche Behörde zur Schlichtung aller zwischen ihnen entstehenden Konflikte. Sie verpflichten sich, sich den von der legislativen Behörde aufgestellten Gesetzen zu unterwerfen, das Gericht in allen Streitfällen anzurufen, sich seinen Entscheidungen bedingungslos zu beugen sowie alle diejenigen Maßnahmen durchzuführen, welche das Gericht für die Realisierung seiner Entscheidungen für notwendig erachtet. Hier schon stoße ich auf die erste Schwierigkeit: Ein Gericht ist eine menschliche Einrichtung, die umso mehr geneigt sein dürfte, ihre Entscheidungen außerrechtlichen Einflüssen zugänglich zu machen, je weniger Macht ihr zur Verfügung steht, ihre Entscheidungen durchzusetzen. Es ist eine Tatsache, mit der man rechnen muss: Recht und Macht sind unzertrennlich verbunden, und die Sprüche eines Rechtsorgans nähern sich umso mehr dem Gerechtigkeitsideal der Gemeinschaft, in deren Namen und Interesse Recht gesprochen wird, je mehr Machtmittel diese Gemeinschaft aufbringen kann, um die Respektierung ihres Gerechtigkeitsideals zu erzwingen. Wir sind aber zurzeit weit davon entfernt, eine überstaatliche Organisation zu besitzen, die ihrem Gericht unbestreitbare Autorität zu verleihen und der Exekution seiner Erkenntnisse absoluten Gehorsam zu erzwingen imstande wäre. So drängt sich mir die erste Feststellung auf: Der Weg zur internationalen Sicherheit führt über den bedingungslosen Verzicht der Staaten auf einen Teil ihrer Handlungsfreiheit beziehungsweise Souveränität, und es dürfte unbezweifelbar sein, dass es einen andern Weg zu dieser Sicherheit nicht gibt.

Ein Blick auf die Erfolglosigkeit der zweifellos ernst gemeinten Bemühungen der letzten Jahrzehnte, dieses Ziel zu erreichen, lässt jeden deutlich fühlen, dass mächtige psychologische Kräfte am Werke sind, die diese Bemühungen paralysieren. Einige dieser Kräfte liegen offen zutage. Das Machtbedürfnis der jeweils herrschenden Schicht eines Staates widersetzt sich einer Einschränkung der Hoheitsrechte desselben. Dieses politische Machtbedürfnis wird häufig genährt aus einem materiell-ökonomisch sich äußernden Machtstreben einer andern Schicht. Ich denke hier vornehmlich an die innerhalb jedes Volkes vorhandene kleine, aber entschlossene, sozialen Erwägungen und Hemmungen unzugängliche

Gruppe jener Menschen, denen Krieg, Waffenherstellung und -handel nichts als eine Gelegenheit sind, persönliche Vorteile zu ziehen, den persönlichen Machtbereich zu erweitern.

Diese einfache Feststellung bedeutet aber nur einen ersten Schritt in der Erkenntnis der Zusammenhänge. Es erhebt sich sofort die Frage: Wie ist es möglich, dass die soeben genannte Minderheit die Masse des Volkes ihren Gelüsten dienstbar machen kann, die durch einen Krieg nur zu leiden und zu verlieren hat. (Wenn ich von der Masse des Volkes spreche, so schließe ich aus ihr diejenigen nicht aus, die als Soldaten aller Grade den Krieg zum Beruf gemacht haben, in der Überzeugung, dass sie der Verteidigung der höchsten Güter ihres Volkes dienen und dass manchmal die beste Verteidigung der Angriff ist.) Hier scheint die nächstliegende Antwort zu sein: Die Minderheit der jeweils Herrschenden hat vor allem die Schule, die Presse und meistens auch die religiösen Organisationen in ihrer Hand. Durch diese Mittel beherrscht und leitet sie die Gefühle der großen Masse und macht diese zu ihrem willenlosen Werkzeuge.

Aber auch diese Antwort erschöpft nicht den ganzen Zusammenhang, denn es erhebt sich die

Frage: Wie ist es möglich, dass sich die Masse durch die genannten Mittel bis zur Raserei und Selbstaufopferung entflammen lässt? Die Antwort kann nur sein: Im Menschen lebt ein Bedürfnis zu hassen und zu vernichten. Diese Anlage ist in gewöhnlichen Zeiten latent vorhanden und tritt dann nur beim Abnormalen zutage; sie kann aber verhältnismäßig leicht geweckt und zur Massenpsychose gesteigert werden. Hier scheint das tiefste Problem des ganzen verhängnisvollen Wirkungskomplexes zu stecken. Hier ist die Stelle, die nur der große Kenner der menschlichen Triebe beleuchten kann.

Dies führt auf eine letzte Frage: Gibt es eine Möglichkeit, die psychische Entwicklung der Menschen so zu leiten, dass sie den Psychosen des Hasses und des Vernichtens gegenüber widerstandsfähiger werden? Ich denke dabei keineswegs nur an die sogenannten Ungebildeten. Nach meinen Lebenserfahrungen ist es vielmehr gerade die sogenannte ›Intelligenz‹, welche den verhängnisvollen Massensuggestionen am leichtesten unterliegt, weil sie nicht unmittelbar aus dem Erleben zu schöpfen pflegt, sondern auf dem Wege über das bedruckte Papier am bequemsten und vollständigsten zu erfassen ist.

Zum Schluss noch eins: Ich habe bisher nur vom Krieg zwischen Staaten, also von sogenannten internationalen Konflikten gesprochen. Ich bin mir dessen bewusst, dass die menschliche Aggressivität sich auch in anderen Formen und unter anderen Bedingungen betätigt (z. B. Bürgerkrieg, früher aus religiösen, heute aus sozialen Ursachen heraus, Verfolgung von nationalen Minderheiten). Ich habe aber bewusst die repräsentativste und unheilvollste, weil zügelloseste Form des Konfliktes unter menschlichen Gemeinschaften hervorgehoben, weil sich an ihr vielleicht am ehesten demonstrieren lässt, wie sich kriegerische Konflikte vermeiden ließen.

Ich weiß, dass Sie in Ihren Schriften auf alle mit dem uns interessierenden, drängenden Problem zusammenhängenden Fragen teils direkt, teils indirekt geantwortet haben. Es wird aber von großem Nutzen sein, wenn Sie das Problem der Befriedung der Welt im Lichte Ihrer neuen Erkenntnisse besonders darstellen, da von einer solchen Darstellung fruchtbare Bemühungen ausgehen können.

Freundlichst grüßt Sie
Ihr
A. Einstein

SIGMUND FREUD

An Albert Einstein

Wien, im September 1932.

Lieber Herr Einstein!

Als ich hörte, dass Sie die Absicht haben, mich zum Gedankenaustausch über ein Thema aufzufordern, dem Sie Ihr Interesse schenken und das Ihnen auch des Interesses anderer würdig erscheint, stimmte ich bereitwillig zu. Ich erwartete, Sie würden ein Problem an der Grenze des heute Wissbaren wählen, zu dem ein jeder von uns, der Physiker wie der Psycholog, sich seinen besonderen Zugang bahnen könnte, sodass sie sich von verschiedenen Seiten her auf demselben Boden träfen. Sie haben mich dann durch die Fragestellung überrascht, was man tun könne, um das Verhängnis des Krieges von den Menschen abzuwehren. Ich erschrak zunächst unter dem Eindruck meiner – fast hätte ich gesagt: unserer – Inkompetenz, denn das erschien mir als eine praktische Aufgabe, die den Staatsmännern zufällt. Ich verstand dann aber, dass Sie die Frage nicht als Naturforscher und Physiker erhoben haben, sondern als Menschenfreund, der den Anregungen des Völkerbunds gefolgt war, ähnlich wie der Polarforscher Fridtjof Nansen es auf sich genommen hatte, den Hungernden und den heimatlosen Opfern des Weltkrieges Hilfe zu bringen. Ich besann mich auch, dass mir nicht zugemutet wird, praktische Vorschläge zu machen, sondern dass ich nur angeben soll, wie sich das Problem der Kriegsverhütung einer psychologischen Betrachtung darstellt.

Aber auch hierüber haben Sie in Ihrem Schreiben das meiste gesagt. Sie haben mir gleichsam den Wind aus den Segeln genommen, aber ich fahre gern in Ihrem Kielwasser und bescheide mich damit, alles zu bestätigen, was Sie vorbringen, indem ich es nach meinem besten Wissen – oder Vermuten – breiter ausführe.

Sie beginnen mit dem Verhältnis von Recht und Macht. Das ist gewiss der richtige Ausgangspunkt für unsere Untersuchung. Darf ich das Wort ›Macht‹ durch das grellere, härtere Wort ›Gewalt‹ ersetzen? Recht und Gewalt sind uns heute Gegensätze. Es ist leicht zu zeigen, dass sich das eine aus dem anderen entwickelt hat, und wenn wir auf die Uranfänge zurückgehen und nachsehen, wie das zuerst geschehen ist, so fällt uns die Lösung des Problems mühelos zu. Entschuldigen Sie mich aber, wenn ich im Folgenden allgemein Bekanntes und Anerkanntes erzähle, als ob es neu wäre; der Zusammenhang nötigt mich dazu.

Interessenkonflikte unter den Menschen werden also prinzipiell durch die Anwendung von Gewalt entschieden. So ist es im ganzen Tierreich, von dem der Mensch sich nicht ausschließen sollte; für den Menschen kommen allerdings noch Meinungskonflikte hinzu, die bis zu den höchsten Höhen der Abstraktion reichen und eine andere Technik der Entscheidung zu fordern scheinen. Aber das ist eine spätere Komplikation. Anfänglich, in einer kleinen Menschenhorde, entschied die stärkere Muskelkraft darüber, wem etwas gehören oder wessen Wille zur Ausführung gebracht werden sollte. Muskelkraft verstärkt und ersetzt sich bald durch den Gebrauch von Werkzeugen; es siegt, wer die besseren Waffen hat oder sie geschickter verwendet. Mit der Einführung der Waffe beginnt bereits die geistige Überlegenheit die Stelle der rohen Muskelkraft einzunehmen; die Endabsicht des Kampfes bleibt die nämliche, der eine Teil soll durch die Schädigung, die er erfährt, und durch die Lähmung seiner Kräfte gezwungen werden, seinen Anspruch oder Widerspruch aufzugeben. Dies wird am gründlichsten erreicht, wenn die Gewalt den Gegner dauernd beseitigt, also tötet. Es hat zwei Vorteile, dass er seine Gegnerschaft nicht ein andermal wieder aufnehmen kann und dass sein Schicksal andere abschreckt, seinem Beispiel zu folgen. Außerdem befriedigt die Tötung des Feindes eine triebhafte Neigung, die später erwähnt werden muss. Der Tötungsabsicht kann sich die Erwägung widersetzen, dass der Feind zu nützlichen Dienstleistungen verwendet werden kann, wenn man ihn eingeschüchtert am Leben lässt. Dann begnügt sich also die Gewalt damit, ihn zu unterwerfen, anstatt ihn zu töten. Es ist der Anfang der Schonung des Feindes, aber der Sieger hat von nun an mit der lauernden Rachsucht des Besiegten zu rechnen, gibt ein Stück seiner eigenen Sicherheit auf.

Das ist also der ursprüngliche Zustand, die Herrschaft der größeren Macht, der rohen oder intellektuell gestützten Gewalt. Wir wissen, dies Regime ist im Laufe der Entwicklung abgeändert worden, es führte ein Weg von der Gewalt zum

Recht, aber welcher? Nur ein einziger, meine ich. Er führte über die Tatsache, dass die größere Stärke des einen wettgemacht werden konnte durch die Vereinigung mehrerer Schwachen. »L'union fait la force.« Gewalt wird gebrochen durch Einigung, die Macht dieser Geeinigten stellt nun das Recht dar im Gegensatz zur Gewalt des Einzelnen. Wir sehen, das Recht ist die Macht einer Gemeinschaft. Es ist noch immer Gewalt, bereit, sich gegen jeden Einzelnen zu wenden, der sich ihr widersetzt, arbeitet mit denselben Mitteln, verfolgt dieselben Zwecke; der Unterschied liegt wirklich nur darin, dass es nicht mehr die Gewalt eines Einzelnen ist, die sich durchsetzt, sondern die der Gemeinschaft. Aber damit sich dieser Übergang von der Gewalt zum neuen Recht vollziehe, muss eine psychologische Bedingung erfüllt werden. Die Einigung der Mehreren muss eine beständige, dauerhafte sein. Stellte sie sich nur zum Zweck der Bekämpfung des einen Übermächtigen her und zerfiele nach seiner Überwältigung, so wäre nichts erreicht. Der Nächste, der sich für stärker hält, würde wiederum eine Gewaltherrschaft anstreben, und das Spiel würde sich endlos wiederholen. Die Gemeinschaft muss permanent erhalten werden, sich organisieren, Vorschriften schaffen, die den gefürchteten Auflehnungen vorbeugen, Organe bestimmen, die über die Einhaltung der Vorschriften – Gesetze – wachen und die Ausführung der rechtmäßigen Gewaltakte besorgen. In der Anerkennung einer solchen Interessengemeinschaft stellen sich unter den Mitgliedern einer geeinigten Menschengruppe Gefühlsbindungen her, Gemeinschaftsgefühle, in denen ihre eigentliche Stärke beruht.

Damit, denke ich, ist alles Wesentliche bereits gegeben: die Überwindung der Gewalt durch Übertragung der Macht an eine größere Einheit, die durch Gefühlsbindungen ihrer Mitglieder zusammengehalten wird. Alles Weitere sind Ausführungen und Wiederholungen. Die Verhältnisse sind einfach, solange die Gemeinschaft nur aus einer Anzahl gleich starker Individuen besteht. Die Gesetze dieser Vereinigung bestimmen dann, auf welches Maß von persönlicher Freiheit, seine Kraft als Gewalt anzuwenden, der Einzelne verzichten muss, um ein gesichertes Zusammenleben zu ermöglichen. Aber ein solcher Ruhezustand ist nur theoretisch denkbar, in Wirklichkeit kompliziert sich der Sachverhalt dadurch, dass die Gemeinschaft von Anfang an ungleich mächtige Elemente umfasst, Männer und Frauen, Eltern und Kinder, und bald infolge von Krieg und Unterwerfung Siegreiche und Besiegte, die sich in Herren und Sklaven umsetzen. Das Recht der Gemeinschaft wird dann zum Ausdruck der ungleichen Machtverhältnisse in ihrer Mitte, die Gesetze werden von und für die Herrschenden gemacht werden und den Unterworfenen wenig Rechte einräumen. Von da an gibt es in der Gemeinschaft zwei Quellen von Rechtsunruhe, aber auch von Rechtsfortbildung. Erstens die Versuche Einzelner unter den Herren, sich über die für alle gütigen Einschränkungen zu erheben, also von der Rechtsherrschaft auf die Gewaltherrschaft zurückzugreifen, zweitens die ständigen Bestrebungen der Unterdrückten, sich mehr Macht zu verschaffen und diese Änderungen im Gesetz anerkannt zu sehen, also im Gegenteil vom ungleichen Recht zum gleichen Recht für alle vorzudringen. Diese letztere Strömung wird besonders bedeutsam werden, wenn sich im Inneren des Gemeinwesens wirklich Verschiebungen der Machtverhältnisse ergeben, wie es infolge mannigfacher historischer Momente geschehen kann. Das Recht kann sich dann allmählich den neuen Machtverhältnissen anpassen, oder, was häufiger geschieht, die herrschende Klasse ist nicht bereit, dieser Änderung Rechnung zu tragen, es kommt zu Auflehnung, Bürgerkrieg, also zur zeitweiligen Aufhebung des Rechts und zu neuen Gewaltproben, nach deren Ausgang eine neue Rechtsordnung eingesetzt wird. Es gibt noch eine andere Quelle der Rechtsänderung, die sich nur in friedlicher Weise äußert, das ist die kulturelle Wandlung der Mitglieder des Gemeinwesens, aber die gehört in einen Zusammenhang, der erst später berücksichtigt werden kann.

Wir sehen also, auch innerhalb eines Gemeinwesens ist die gewaltsame Erledigung von Interessenkonflikten nicht vermieden worden. Aber die Notwendigkeiten und Gemeinsamkeiten, die sich aus dem Zusammenleben auf demselben Boden ableiten, sind einer raschen Beendigung solcher Kämpfe günstig, und die Wahrscheinlichkeit friedlicher Lösungen unter diesen Bedingungen nimmt stetig zu. Ein Blick in die Menschheitsgeschichte zeigt uns aber eine unaufhörliche Reihe von Konflikten zwischen einem Gemeinwesen und einem oder mehreren anderen, zwischen größeren und kleineren Einheiten, Stadtgebieten, Landschaften, Stämmen, Völkern, Reichen, die fast immer durch die Kraftprobe des Krieges entschieden werden. Solche Kriege gehen entweder in Beraubung oder in volle Unterwerfung, Eroberung des einen Teils, aus. Man kann die Eroberungskriege nicht einheitlich beurteilen. Manche wie die der Mongolen und Türken haben nur Unheil gebracht, andere im Gegenteil zur Umwandlung von Gewalt in Recht beigetragen, indem sie größere Einheiten herstellten, innerhalb deren nun die Möglichkeit der Gewaltanwendung aufgehört hatte und eine neue Rechtsordnung die Konflikte schlichtete. So haben die Eroberungen der Römer den Mittelmeerländern die kostbare *pax romana* gegeben. Die Vergrößerungslust der französischen Könige hat ein friedlich geeinigtes, blühendes Frankreich geschaffen. So paradox es klingt, man muss doch zugestehen, der Krieg wäre kein ungeeignetes Mittel zur Herstellung des ersehnten »ewigen« Friedens, weil er imstande ist, jene großen Einheiten zu schaffen, innerhalb deren eine starke Zentralgewalt weitere Kriege unmöglich macht· Aber er taugt doch nicht dazu, denn die Erfolge der Eroberung sind in der Regel nicht dauerhaft; die neu geschaffenen Einheiten zerfallen wieder, meist infolge des mangelnden Zusammenhalts der gewaltsam geeinigten Teile. Und außerdem konnte die Eroberung bisher nur partielle Einigungen, wenn auch von größerem Umfang, schaffen, deren Konflikte die gewaltsame Entscheidung erst recht herausforderten. So ergab sich als die Folge all dieser kriegerischen Anstrengungen nur, dass die Menschheit zahlreiche, ja unaufhörliche Kleinkriege gegen seltene, aber umso mehr verheerende Großkriege eintauschte.

Auf unsere Gegenwart angewendet ergibt sich das gleiche Resultat, zu dem Sie auf kürzerem Weg gelangt sind. Eine sichere Verhütung der Kriege ist nur möglich, wenn sich die Menschen zur Einsetzung einer Zentralgewalt einigen, welcher der Richtspruch in allen Interessenkonflikten übertragen wird. Hier sind offenbar zwei Forderungen vereinigt, dass eine solche übergeordnete Instanz geschaffen und dass ihr die erforderliche Macht gegeben werde. Das eine allein würde nicht nützen. Nun ist der Völkerbund als solche Instanz gedacht, aber die andere Bedingung ist nicht erfüllt; der Völkerbund hat keine eigene Macht und kann sie nur bekommen, wenn die Mitglieder der neuen Einigung, die einzelnen Staaten, sie ihm abtreten· Dazu scheint aber derzeit wenig Aussicht vorhanden. Man stünde der Institution des Völkerbundes nun ganz ohne Verständnis gegenüber, wenn man nicht wüsste, dass hier ein Versuch vorliegt, der in der Geschichte der Menschheit nicht oft – vielleicht noch nie in diesem Maß – gewagt worden ist. Es ist der Versuch, die Autorität – d. i. den zwingenden Einfluss –, die sonst auf dem Besitz der Macht ruht, durch die Berufung auf bestimmte ideelle Einstellungen zu erwerben. Wir haben gehört, was eine Gemeinschaft zusammenhält, sind zwei Dinge: der Zwang der Gewalt und die Gefühlsbindungen – Identifizierungen heißt man sie technisch – der Mitglieder. Fällt das eine Moment weg, so kann möglicherweise das andere die Gemeinschaft aufrecht halten. Jene Ideen haben natürlich nur dann eine Bedeutung, wenn sie wichtigen Gemeinsamkeiten der Mitglieder Ausdruck geben. Es fragt sich dann, wie stark sie sind. Die Geschichte lehrt, dass sie in der Tat ihre Wirkung geübt haben. Die panhellenische Idee z. B., das Bewusstsein, dass man etwas Besseres sei als die umwohnenden Barbaren, das in den Amphiktyonien, den Orakeln und Festspielen so kräftigen Ausdruck fand, war stark genug, um die Sitten der Kriegsführung unter Griechen zu mildern, aber selbstverständlich nicht imstande, kriegerische Streitigkeiten zwischen den Partikeln des

Griechenvolkes zu verhüten, ja nicht einmal, um eine Stadt oder einen Städtebund abzuhalten, sich zum Schaden eines Rivalen mit dem Perserfeind zu verbünden. Ebenso wenig hat das christliche Gemeingefühl, das doch mächtig genug war, im Renaissancezeitalter christliche Klein- und Großstaaten daran gehindert, in ihren Kriegen miteinander um die Hilfe des Sultans zu werben. Auch in unserer Zeit gibt es keine Idee, der man eine solche einigende Autorität zumuten könnte. Dass die heute die Völker beherrschenden nationalen Ideale zu einer gegenteiligen Wirkung drängen, ist ja allzu deutlich. Es gibt Personen, die vorhersagen, erst das allgemeine Durchdringen der bolschewistischen Denkungsart werde den Kriegen ein Ende machen können, aber von solchem Ziel sind wir heute jedenfalls weit entfernt, und vielleicht wäre es nur nach schrecklichen Bürgerkriegen erreichbar. So scheint es also, dass der Versuch, reale Macht durch die Macht der Ideen zu ersetzen, heute noch zum Fehlschlagen verurteilt ist. Es ist ein Fehler in der Rechnung, wenn man nicht berücksichtigt, dass Recht ursprünglich rohe Gewalt war und noch heute der Stützung durch die Gewalt nicht entbehren kann.

Ich kann nun daran gehen, einen anderen Ihrer Sätze zu glossieren. Sie verwundern sich darüber, dass es so leicht ist, die Menschen für den Krieg zu begeistern, und vermuten, dass etwas in ihnen wirksam ist, ein Trieb zum Hassen und Vernichten, der solcher Verhetzung entgegenkommt. Wiederum kann ich Ihnen nur uneingeschränkt beistimmen. Wir glauben an die Existenz eines solchen Triebes und haben uns gerade in den letzten Jahren bemüht, seine Äußerungen zu studieren. Darf ich Ihnen aus diesem Anlass ein Stück der Trieblehre vortragen, zu der wir in der Psychoanalyse nach vielem Tasten und Schwanken gekommen sind? Wir nehmen an, dass die Triebe des Menschen nur von zweierlei Art sind, entweder solche, die erhalten und vereinigen wollen – wir heißen sie erotische, ganz im Sinne des Eros im *Symposion* Platos, oder sexuelle mit bewusster Überdehnung des populären Begriffs von Sexualität –, und andere, die zerstören und töten wollen; wir fassen diese als Aggressionstrieb oder Destruktionstrieb zusammen. Sie sehen, das ist eigentlich nur die theoretische Verklärung des weltbekannten Gegensatzes von Lieben und Hassen, der vielleicht zu der Polarität von Anziehung und Abstoßung eine Urbeziehung unterhält, die auf Ihrem Gebiet eine Rolle spielt. Nun lassen Sie uns nicht zu rasch mit den Wertungen von Gut und Böse einsetzen. Der eine dieser Triebe ist ebenso unerlässlich wie der andere, aus dem Zusammen- und Gegeneinanderwirken der beiden gehen die Erscheinungen des Lebens hervor. Nun scheint es, dass kaum jemals ein Trieb der einen Art sich isoliert betätigen kann, er ist immer mit einem gewissen Betrag von der anderen Seite verbunden, wie wir sagen: legiert, der sein Ziel modifiziert oder ihm unter Umständen dessen Erreichung erst möglich macht. So ist z. B. der Selbsterhaltungstrieb gewiss erotischer Natur, aber grade er bedarf der Verfügung über die Aggression, wenn er seine Absicht durchsetzen soll. Ebenso benötigt der auf Objekte gerichtete Liebestrieb eines Zusatzes vom Bemächtigungstrieb, wenn er seines Objekts überhaupt habhaft werden soll. Die Schwierigkeit, die beiden Triebarten in ihren Äußerungen zu isolieren, hat uns ja so lange in ihrer Erkenntnis behindert.

Wenn Sie mit mir ein Stück weitergehen wollen, so hören Sie, dass die menschlichen Handlungen noch eine Komplikation von anderer Art erkennen lassen. Ganz selten ist die Handlung das Werk einer einzigen Triebregung, die an und für sich bereits aus Eros und Destruktion zusammengesetzt sein muss. In der Regel müssen mehrere in der gleichen Weise aufgebaute Motive zusammentreffen, um die Handlung zu ermöglichen. Einer Ihrer Fachgenossen hat das bereits gewusst, ein Prof. G. Ch. Lichtenberg, der zur Zeit unserer Klassiker in Göttingen Physik lehrte; aber vielleicht war er als Psycholog noch bedeutender denn als Physiker. Er erfand die Motivenrose, indem er sagte: »Die Bewegungsgründe (wir sagen heute: Beweggründe), woraus man etwas tut, könnten so wie die 32 Winde geordnet und ihre Namen auf eine ähnliche Art formiert werden, z. B. Brot-Brot-Ruhm oder Ruhm-Ruhm-Brot.« Wenn also die Menschen zum Krieg aufgefordert werden, so mögen eine ganze Anzahl von Motiven in ihnen zustimmend antworten, edle und gemeine, solche, von denen man laut spricht, und andere, die man beschweigt. Wir haben keinen Anlass, sie alle bloßzulegen. Die Lust an der Aggression und Destruktion ist gewiss darunter; ungezählte Grausamkeiten der Geschichte und des Alltags bekräftigen ihre Existenz und ihre Stärke. Die Verquickung dieser destruktiven Strebungen mit anderen erotischen und ideellen erleichtert natürlich deren Befriedigung. Manchmal haben wir, wenn wir von den Gräueltaten der Geschichte hören, den Eindruck, die ideellen Motive hätten den destruktiven Gelüsten nur als Vorwände gedient, andere Male z. B. bei den Grausamkeiten der hl. Inquisition, meinen wir, die ideellen Motive hätten sich im Bewusstsein vorgedrängt, die destruktiven ihnen eine unbewusste Verstärkung gebracht. Beides ist möglich.

Ich habe Bedenken, Ihr Interesse zu missbrauchen, das ja der Kriegsverhütung gilt, nicht unseren Theorien. Doch möchte ich noch einen Augenblick bei unserem Destruktionstrieb verweilen, dessen Beliebtheit keineswegs Schritt hält mit seiner Bedeutung. Mit etwas Aufwand von Spekulation sind wir nämlich zu der Auffassung gelangt, dass dieser Trieb innerhalb jedes lebenden Wesens arbeitet und dann das Bestreben hat, es zum Zerfall zu bringen, das Leben zum Zustand der unbelebten Materie zurückzuführen. Er verdiente in allem Ernst den Namen eines Todestriebes, während die erotischen Triebe die Bestrebungen zum Leben repräsentieren. Der Todestrieb wird zum Destruktionstrieb, indem er mithilfe besonderer Organe nach außen, gegen die Objekte, gewendet wird. Das Lebewesen bewahrt sozusagen sein eigenes Leben dadurch, dass es fremdes zerstört. Ein Anteil des Todestriebes verbleibt aber im Innern des Lebewesens tätig, und wir haben versucht, eine ganze Anzahl von normalen und pathologischen Phänomenen von dieser Verinnerlichung des Destruktionstriebes abzuleiten. Wir haben sogar die Ketzerei begangen, die Entstehung unseres Gewissens durch eine solche Wendung der Aggression nach innen zu erklären. Sie merken, es ist gar nicht so unbedenklich, wenn sich dieser Vorgang in allzu großem Ausmaß vollzieht, es ist direkt ungesund, während die Wendung dieser Triebkräfte zur Destruktion in der Außenwelt das Lebewesen entlastet, wohltuend wirken muss. Das diene zur biologischen Entschuldigung all der hässlichen und gefährlichen Strebungen, gegen die wir ankämpfen. Man muss zugeben, sie sind der Natur näher als unser Widerstand dagegen, für den wir auch noch eine Erklärung finden müssen. Vielleicht haben Sie den Eindruck, unsere Theorien seien eine Art von Mythologie, nicht einmal eine erfreuliche in diesem Fall. Aber läuft nicht jede Naturwissenschaft auf eine solche Art von Mythologie hinaus? Geht es Ihnen heute in der Physik anders?

Aus dem Vorstehenden entnehmen wir für unsere nächsten Zwecke so viel, dass es keine Aussicht hat, die aggressiven Neigungen der Menschen abschaffen zu wollen. Es soll in glücklichen Gegenden der Erde, wo die Natur alles, was der Mensch braucht, überreichlich zur Verfügung stellt, Völkerstämme geben, deren Leben in Sanftmut verläuft, bei denen Zwang und Aggression unbekannt sind. Ich kann es kaum glauben, möchte gern mehr über diese Glücklichen erfahren. Auch die Bolschewisten hoffen, dass sie die menschliche Aggression zum Verschwinden bringen können dadurch, dass sie die Befriedigung der materiellen Bedürfnisse verbürgen und sonst Gleichheit unter den Teilnehmern an der Gemeinschaft herstellen. Ich halte das für eine Illusion. Vorläufig sind sie auf das Sorgfältigste bewaffnet und halten ihre Anhänger nicht zum Mindesten durch den Hass gegen alle Außenstehenden zusammen. Übrigens handelt es sich, wie Sie selbst bemerken, nicht darum, die menschliche Aggressionsneigung völlig zu beseitigen; man kann versuchen, sie so weit abzulenken, dass sie nicht ihren Ausdruck im Kriege finden muss.

Von unserer mythologischen Trieblehre her

finden wir leicht eine Formel für die indirekten Wege zur Bekämpfung des Krieges. Wenn die Bereitwilligkeit zum Krieg ein Ausfluss des Destruktionstriebs ist, so liegt es nahe, gegen sie den Gegenspieler dieses Triebes, den Eros, anzurufen. Alles, was Gefühlsbindungen unter den Menschen herstellt, muss dem Krieg entgegenwirken. Diese Bindungen können von zweierlei Art sein. Erstens Beziehungen wie zu einem Liebesobjekt, wenn auch ohne sexuelle Ziele. Die Psychoanalyse braucht sich nicht zu schämen, wenn sie hier von Liebe spricht, denn die Religion sagt dasselbe: Liebe deinen Nächsten wie dich selbst. Das ist nun leicht gefordert, aber schwer zu erfüllen. Die andere Art von Gefühlsbindung ist die durch Identifizierung. Alles, was bedeutsame Gemeinsamkeiten unter den Menschen herstellt, ruft solche Gemeingefühle, Identifizierungen, hervor. Auf ihnen ruht zum guten Teil der Aufbau der menschlichen Gesellschaft.

Einer Klage von Ihnen über den Missbrauch der Autorität entnehme ich einen zweiten Wink zur indirekten Bekämpfung der Kriegsneigung. Es ist ein Stück der angeborenen und nicht zu beseitigenden Ungleichheit der Menschen, dass sie in Führer und in Abhängige zerfallen. Die

Letzteren sind die übergroße Mehrheit, sie bedürfen einer Autorität, welche für sie Entscheidungen fällt, denen sie sich meist bedingungslos unterwerfen. Hier wäre anzuknüpfen, man müsste mehr Sorge als bisher aufwenden, um eine Oberschicht selbstständig denkender, der Einschüchterung unzugänglicher, nach Wahrheit ringender Menschen zu erziehen, denen die Lenkung der unselbstständigen Massen zufallen würde. Dass die Übergriffe der Staatsgewalten und das Denkverbot der Kirche einer solchen Aufzucht nicht günstig sind, bedarf keines Beweises. Der ideale Zustand wäre natürlich eine Gemeinschaft von Menschen, die ihr Triebleben der Diktatur der Vernunft unterworfen haben. Nichts anderes könnte eine so vollkommene und widerstandsfähige Einigung der Menschen hervorrufen, selbst unter Verzicht auf die Gefühlsbindungen zwischen ihnen. Aber das ist höchstwahrscheinlich eine utopische Hoffnung. Die anderen Wege einer indirekten Verhinderung des Krieges sind gewiss eher gangbar, aber sie versprechen keinen raschen Erfolg. Ungern denkt man an Mühlen, die so langsam mahlen, dass man verhungern könnte, ehe man das Mehl bekommt.

Sie sehen, es kommt nicht viel dabei heraus,

wenn man bei dringenden praktischen Aufgaben den weltfremden Theoretiker zu Rate zieht. Besser, man bemüht sich, in jedem einzelnen Fall der Gefahr zu begegnen mit den Mitteln, die eben zur Hand sind. Ich möchte aber noch eine Frage behandeln, die Sie in Ihrem Schreiben nicht aufwerfen und die mich besonders interessiert. Warum empören wir uns so sehr gegen den Krieg, Sie und ich und so viele andere, warum nehmen wir ihn nicht hin wie eine andere der vielen peinlichen Notlagen des Lebens? Er scheint doch naturgemäß, biologisch wohl begründet, praktisch kaum vermeidbar. Entsetzen Sie sich nicht über meine Fragestellung. Zum Zweck einer Untersuchung darf man vielleicht die Maske einer Überlegenheit vornehmen, über die man in Wirklichkeit nicht verfügt. Die Antwort wird lauten, weil jeder Mensch ein Recht auf sein eigenes Leben hat, weil der Krieg hoffnungsvolle Menschenleben vernichtet, den einzelnen Menschen in Lagen bringt, die ihn entwürdigen, ihn zwingt, andere zu morden, was er nicht will, kostbare materielle Werte, Ergebnis von Menschenarbeit, zerstört, u. a. mehr. Auch dass der Krieg in seiner gegenwärtigen Gestaltung keine Gelegenheit mehr gibt, das alte heldische Ideal zu erfüllen, und dass ein zukünftiger Krieg infolge der Vervollkommnung der Zerstörungsmittel die Ausrottung eines oder vielleicht beider Gegner bedeuten würde. Das ist alles wahr und scheint so unbestreitbar, dass man sich nur verwundert, wenn das Kriegführen noch nicht durch allgemeine menschliche Übereinkunft verworfen worden ist. Man kann zwar über einzelne dieser Punkte diskutieren. Es ist fraglich, ob die Gemeinschaft nicht auch ein Recht auf das Leben des Einzelnen haben soll; man kann nicht alle Arten von Krieg in gleichem Maß verdammen; solange es Reiche und Nationen gibt, die zur rücksichtslosen Vernichtung anderer bereit sind, müssen diese anderen zum Krieg gerüstet sein. Aber wir wollen über all das rasch hinweggehen, das ist nicht die Diskussion, zu der Sie mich aufgefordert haben. Ich ziele auf etwas anderes hin; ich glaube, der Hauptgrund, weshalb wir uns gegen den Krieg empören, ist, dass wir nicht anders können. Wir sind Pazifisten, weil wir es aus organischen Gründen sein müssen. Wir haben es dann leicht, unsere Einstellung durch Argumente zu rechtfertigen.

Das ist wohl ohne Erklärung nicht zu verstehen. Ich meine das Folgende: Seit unvordenklichen Zeiten zieht sich über die Menschheit der

Prozess der Kulturentwicklung hin. (Ich weiß, andere heißen ihn lieber: Zivilisation). Diesem Prozess verdanken wir das Beste, was wir geworden sind, und ein gut Teil von dem, woran wir leiden. Seine Anlässe und Anfänge sind dunkel, sein Ausgang ungewiss, einige seiner Charaktere leicht ersichtlich. Vielleicht führt er zum Erlöschen der Menschenart, denn er beeinträchtigt die Sexualfunktion in mehr als einer Weise, und schon heute vermehren sich unkultivierte Rassen und zurückgebliebene Schichten der Bevölkerung stärker als hochkultivierte. Vielleicht ist dieser Prozess mit der Domestikation gewisser Tierarten vergleichbar; ohne Zweifel bringt er körperliche Veränderungen mit sich; man hat sich noch nicht mit der Vorstellung vertraut gemacht, dass die Kulturentwicklung ein solcher organischer Prozess sei. Die mit dem Kulturprozess einhergehenden psychischen Veränderungen sind auffällig und unzweideutig. Sie bestehen in einer fortschreitenden Verschiebung der Triebziele und Einschränkung der Triebregungen. Sensationen, die unseren Vorahnen lustvoll waren, sind für uns indifferent oder selbst unleidlich geworden; es hat organische Begründungen, wenn unsere ethischen und ästhetischen Idealforderungen sich geändert haben. Von den psychologischen Charakteren der Kultur scheinen zwei die wichtigsten: die Erstarkung des Intellekts, der das Triebleben zu beherrschen beginnt, und die Verinnerlichung der Aggressionsneigung mit all ihren vorteilhaften und gefährlichen Folgen. Den psychischen Einstellungen, die uns der Kulturprozess aufnötigt, widerspricht nun der Krieg in der grellsten Weise, darum müssen wir uns gegen ihn empören, wir vertragen ihn einfach nicht mehr, es ist nicht bloß eine intellektuelle und affektive Ablehnung, es ist bei uns Pazifisten eine konstitutionelle Intoleranz, eine Idiosynkrasie gleichsam in äußerster Vergrößerung. Und zwar scheint es, dass die ästhetischen Erniedrigungen des Krieges nicht viel weniger Anteil an unserer Auflehnung haben als seine Grausamkeiten.

Wie lange müssen wir nun warten, bis auch die anderen Pazifisten werden? Es ist nicht zu sagen, aber vielleicht ist es keine utopische Hoffnung, dass der Einfluss dieser beiden Momente, der kulturellen Einstellung und der berechtigten Angst vor den Wirkungen eines Zukunftskrieges, dem Kriegführen in absehbarer Zeit ein Ende setzen wird. Auf welchen Wegen oder Umwegen, können wir nicht erraten. Unterdes dürfen wir uns sagen: Alles, was die Kulturentwicklung fördert, arbeitet auch gegen den Krieg.

Ich grüße Sie herzlich und bitte Sie um Verzeihung, wenn meine Ausführungen Sie enttäuscht haben.

Ihr
Sigm. Freud

ISAAC ASIMOV

Die gute Erde stirbt

Wer sich die Frage stellt, wie viele Menschen die Erde auszuhalten vermag, geht am sichersten von überprüfbaren Zahlen aus: schätzungsweise gibt es auf der Erde 20 Billionen Tonnen lebende Zellen, davon sind zehn Prozent oder zwei Billionen Tonnen tierisches Leben. Fürs Erste kann diese Zahl als Maximalwert betrachtet werden, da sich das pflanzliche Leben der Quantität nach nicht vermehren kann, ohne dass die Sonnenstrahlung erhöht oder seine Fähigkeit, das Sonnenlicht zu verarbeiten, verbessert wird. Das tierische Leben dagegen kann sich quantitativ nicht vermehren, ohne dass sich die Pflanzenmasse vermehrt, die ihm als Grundnahrungsmittel dient.

Die Zahl der Menschen hat sich im Lauf der Jahrhunderte vermehrt und vermehrt sich weiter. Aber sie vermehrt sich auf Kosten anderer Formen tierischen Lebens. Jedes zusätzliche Kilogramm Menschheit bedeutet mit absoluter Zwangsläufigkeit ein Kilogramm nicht menschlichen tierischen Lebens weniger. Wir könnten also argumentieren, dass die Erde maximal eine

Menschheitsmasse ernähren kann, die der gegenwärtigen Masse allen tierischen Lebens entspricht. Das wären nicht weniger als 40 Billionen – über 11 000 Mal mehr als gegenwärtig. Allerdings würde daneben keine andere Spezies tierischen Lebens existieren.

Was bedeutet das? Die gesamte Erdoberfläche umfasst 510 Millionen Quadratkilometer. Würde die menschliche Bevölkerung die Höchstzahl erreichen, so hätte das eine Durchschnittsdichte von 80 000 Menschen pro Quadratkilometer zur Folge, die doppelte Dichte der New Yorker Insel Manhattan. Man stelle sich diese Menge aber gleichmäßig verteilt vor, auch über die Polargebiete, die Wüsten und die Meere.

Man muss dieses Bild noch etwas weiter entwickeln: Es zeigt dann einen riesigen, weltumspannenden Komplex hochaufragender Gebäude über dem Land wie über dem Meer. Das Dach dieses Komplexes würde ausschließlich dem Pflanzenbau vorbehalten sein: Algen, die essbar sind, oder höhere Pflanzen, die entsprechend behandelt werden müssen, um in allen Teilen genießbar zu werden.

In engen Abständen würden Leitungen angebracht sein, durch die Wasser und Pflanzenprodukte rinnen. Die Pflanzenprodukte würden gefiltert, getrocknet, behandelt und zu Nahrungsmitteln verarbeitet werden, während das Wasser in die Tanks auf dem Dach zurückliefe. Andere Leitungen würden die für das pflanzliche Wachstum notwendigen Rohmineralien, bestehend aus (was auch sonst!) menschlichen Abfällen und zerstückelten Leichen, auf das Dach befördern. Zu diesem Zeitpunkt ist eine weitere Vermehrung der Menschheit natürlich unmöglich, sodass dann – wenn nicht schon vorher – eine kategorische Bevölkerungsplanung erforderlich würde.

Doch wenn eine Menschheit solchen Umfangs theoretisch auch denkbar ist, so muss man doch fragen, ob es hier noch um eine Art Leben geht, das mit humanen Standards vereinbar ist.

Aber vielleicht können wir Raum und Zeit kaufen, indem wir Menschen auf den Mond verpflanzen? Auf den Mars?

Überlegen wir zuvor, wie lange man unter den gegenwärtigen Bedingungen brauchte, um den globalen Höchststand zu erreichen. Zurzeit beträgt die Bevölkerung der Erde 3,6 Milliarden. Sie wächst mit einer solchen Geschwindigkeit, dass sich diese Zahl in 35 Jahren verdoppelt haben wird. Vorausgesetzt, dass es bei diesem Rhythmus bleibt, wäre in 465 Jahren der Bevölkerungshöchststand erreicht. Der weltweite Hochbauten-Komplex dürfte also im Jahre 2436 errichtet sein.

Vielleicht aber wird doch eine Anzahl von Menschen in den nächsten 465 Jahren auf dem Mond oder anderswo gelandet und ernährt werden? Wer vernünftig ist, wird davon absehen, solche Fragen zu stellen. Aber vielleicht können wir Zeit gewinnen, indem wir über die Sonne hinausgehen? Indem wir die Wasserstoff-Fusionsenergie zur Bestrahlung des Pflanzenlebens nutzen? Oder indem wir im Labor künstliche Nahrungsmittel herstellen und auf diese Weise unabhängig von der Pflanzenwelt werden?

Erforderlich wäre Energie, und damit kommen wir zu einem weiteren Aspekt. Die Sonne bestrahlt die Tagseite der Erde mit etwa 15 000 Mal mehr Energie, als die Menschheit gegenwärtig nutzt. Die Nachtseite der Erde muss genau die gleiche Wärmemenge in den Raum zurückstrahlen, wenn die Durchschnittstemperatur der Erde erhalten bleiben soll. Wenn nun die Menschheit durch die Verbrennung von Kohle die Wärme auf der Erde erhöht, dann muss diese zusätzliche

Energie ebenfalls in den Raum ausgestrahlt werden, und um das zu erreichen, muss die Durchschnittstemperatur der Erde leicht ansteigen.

Gegenwärtig bewirkt die menschliche Energieerzeugung nur einen unerheblichen Temperaturanstieg. Diese zusätzliche Energie jedoch verdoppelt sich alle 20 Jahre. Bei diesem Rhythmus wird die Wärmemenge, die die Erde zurückstrahlen muss, im Jahre 2436 ein Prozent der Sonnenenergie betragen, und damit werden sich unannehmbare Temperaturveränderungen einstellen.

Infolgedessen müssen wir schon dreihundert Jahre vor dem globalen Höchststand des Jahres 2436, wenn die menschliche Bevölkerung weniger als fünf Prozent ihrer äußersten Höchstzahl erreicht hat, eine Begrenzung des Energieverbrauchs hinnehmen. Wir könnten die Situation dadurch verbessern, dass wir die Energie sinnvoller nutzen, aber diese Nutzung kann 100 Prozent nicht übersteigen und bedeutet folglich keine große Verbesserung.

Fraglich ist, ob wir uns auf die erforderlichen Fortschritte der Technologie verlassen können: Wie kann der weltumspannende Hochbauten-komplex überhaupt vernünftig gedacht werden, wenn sich die Wohnverhältnisse selbst in den fortschrittlichsten Nationen ständig verschlechtern? Wie können wir die Grenze des Energieverbrauchs anvisieren, wenn schon das Energiedefizit der Stadt New York alljährlich wächst? Unlängst erst, als anlässlich der dritten Mondlandung die Einschaltziffern des Fernsehens anstiegen, musste die elektrische Spannung sofort reduziert werden.

Im Jahre 2000 wird die Bevölkerung der Erde auf mindestens sechs Milliarden angewachsen sein. Wird die Technologie diese Menschenmengen auch nur in den gegenwärtigen, völlig unzulänglichen Grenzen versorgen können? Werden menschliche Standards angesichts solcher Zahlen (ganz zu schweigen von den 40 Billionen) noch gewährleistet sein, wenn es schon heute unmöglich ist, sich nachts (und oft sogar am Tage) ungefährdet durch die größte Stadt der fortschrittlichsten Nation der Welt zu bewegen?

Blicken wir besser überhaupt nicht in die Zukunft, sondern betrachten wir entschlossen die Gegenwart: Die USA sind die wohlhabendste Nation der Welt. Jede andere Nation möchte zumindest ebenso wohlhabend sein. Aber die USA können so nur leben, weil sie mit nur einem Sechzehntel der Erdbevölkerung etwas mehr als die Hälfte aller Energie nutzen, die für den menschlichen Verbrauch produziert wird.

Würde ein Zauberer seinen Stab rühren und eine Erde schaffen, auf der alle Menschen auf dem Niveau der Amerikaner leben, so würde sich der Energieverbrauch sofort verachtfachen und die Produktion von Abfällen und Verunreinigungen zwangsläufig im gleichen Maße zunehmen – ohne jeden Bevölkerungszuwachs!

Fragen wir nun erneut, wie viele Menschen die Erde bei einem wünschenswerten zivilisatorischen und humanen Standard auszuhalten vermag, so kann es nur eine kurze und erschreckende Antwort darauf geben: weniger als heute!

Die Erde kann ihre gegenwärtige Bevölkerung unter den gegebenen Verhältnissen offenkundig nicht nach dem Durchschnittsniveau des amerikanischen Standards versorgen; Die Grenze liegt zurzeit vielleicht bei rund 500 Millionen. Das Wohlergehen des Einzelnen wird sich dabei vermutlich weiterhin verschlechtern: Die Kalorien pro Kopf werden weniger, der Lebensraum kleiner werden, der Komfort zurückgehen. Wer weiterdenkt, muss auch in Rechnung stellen, dass der Mensch in seiner wachsenden Beunruhigung maßlose Anstrengungen macht, alle technologischen Mittel zu mobilisieren, und zwangsläufig damit die Umwelt noch weiter verschmutzt, mithin auch ihre Fähigkeit reduziert, die Menschen im Ganzen zu erhalten. Dann könnte es zu einem Kampf aller gegen alle kommen, in dem jeder versucht, einen angemessenen Teil des schrumpfenden Lebenspotenzials zu gewinnen.

In nicht allzu ferner Zukunft würde auch das Bevölkerungswachstum zum Stillstand kommen, denn die Sterblichkeitsziffern würden sich katastrophal erhöhen. Hungersnöte würden hereinbrechen, die Menschen von Pest und inneren Unruhen heimgesucht werden. Und irgendwann, im Jahre 2000 vielleicht, könnte ein Regierungschef verzweifelt genug sein, auf den Atomknopf zu drücken.

Dieser Pessimismus wird nur zu widerlegen sein, wenn die Menschen aufhören, nach den Maximen der Vergangenheit zu leben. Sie haben im Verlaufe ihrer Geschichte einen Verhaltensstil entwickelt, der einer leeren Erde und einer kurzen Lebenserwartung angemessen ist. In einer solchen Welt war es geboten, viele Kinder zu haben, einen Zuwachs an Menschen und Macht anzustreben, in den endlosen Raum vorzudringen und sich für einen begrenzten Teil der Menschheit einzusetzen.

All das kann heute nicht mehr gelten. Gegenwärtig ist die Kindersterblichkeit niedrig, die Lebenserwartung hoch, die Erde überfüllt. Was in einer vergangenen Welt gesunder Menschenverstand war, ist ein selbstmörderischer Mythos geworden: Wir können uns nicht mehr so verhalten, als sei es die Lebensaufgabe der Frau, eine Gebärmaschine zu sein, und der größte Segen eines Mannes sein Kinderreichtum. Mutterschaft ist ein Privileg, das wir buchstäblich rationieren müssen. Wahllos erzeugte Kinder werden der Tod des Menschengeschlechts sein; jede Frau, die bewusst mehr als zwei Kinder gebiert, begeht ein Verbrechen gegen die Menschheit.

Daraus folgt auch eine veränderte Einstellung gegenüber dem Sex. In der bisherigen Geschichte wurden Männer und Frauen gelehrt, die Funktion der geschlechtlichen Liebe bestehe darin, Kinder zu haben. Offensichtlich können wir uns solche Ansichten nicht länger erlauben. Da der Sex nicht unterdrückt werden kann, muss er von der Empfängnis getrennt und zu einem geselligen zwischenmenschlichen Vorgang entwickelt werden.

Auch der Ehrgeiz nach dem ›Größeren und Besseren‹, der die Menschheit durch die Jahrtausende beflügelte, ist gefährlich geworden. Wir haben das Stadium erreicht, wo größer nicht mehr gleichbedeutend mit besser ist. Das besinnungslose Streben nach mehr Menschen, mehr Ernten, mehr Produkten, mehr Maschinen, nach mehr und immer mehr, hat bis zu unserer Generation schlecht und recht funktioniert; in Zukunft würde es uns ziemlich schnell zugrunde richten.

In der Tat, zum ersten Mal hat die Menschheit ihre Grenze erreicht: Begrenzt werden muss die Bevölkerungszahl, die Beanspruchung der Naturvorkommen, die Abfallerzeugung und der Energieverbrauch. Die Aufgabe lautet ganz allgemein: zu erhalten. Wir müssen die Umwelt erhalten, die Verhaltensformen, die zur Konsistenz und Lebensfähigkeit der Biosphäre beitragen, die Schönheit und die Harmonie.

Einer Änderung bedarf auch die Einstellung zum Patriotismus. Der Preis für den Streit der Völker hat unannehmbare Größenordnungen angenommen, und es kann kein Zweifel sein, dass der Zweite Weltkrieg der letzte Krieg war, der von Großmächten unter Einsatz maximaler Gewalt auf unserem Planeten ausgefochten werden konnte. Seither sind nur noch begrenzte Auseinandersetzungen denkbar, und selbst diese erweisen sich als ungeheure Torheiten, wie die Verwicklungen in Südostasien und im Nahen Osten zeigen. Die Welt ist zu klein für jenen Patriotismus, der zu Kriegen führt. Wir dürfen zwar auf unser Land, unsere Sprache, unsere Kultur oder unsere Traditionen stolz sein, aber es darf nur jener abstrakte Stolz sein, den wir einem Baseball-Team entgegenbringen – ein Stolz, der nicht von Waffengewalt gedeckt werden kann.

Patriotismus ist nicht einmal mehr in Friedenszeiten nützlich. Die Probleme unserer Welt sind planetarisch. Keine Nation ist ihnen allein gewachsen. Sosehr einzelne Staaten auch ihre Bevölkerungszahl innerhalb ihrer Möglichkeiten stabilisieren und ihre eigene Umwelt schützen mögen – ihre Anstrengungen blieben sinnlos, wenn die übrige Welt sich weiterhin uneingeschränkt vermehrte und ihre Vergiftungsaktivität fortsetzen würde. Selbst wenn jede Nation ehrlich, doch ganz für sich, Abhilfe schüfe, würden die Lösungen der einen Nation nicht unbedingt denen ihrer Nachbarn entsprechen, sodass alle Bemühungen fehlschlagen könnten.

Kurz: Probleme von planetarischem Ausmaß erfordern ein planetarisches Programm und eine planetarische Lösung. Erforderlich dafür ist nicht weniger als eine Weltregierung, die zu logischen und humanen Entscheidungen gelangen und diese auch durchsetzen kann.

Natürlich widerstreben uns alle diese Veränderungen. Wer möchte die Mutterschaft degradieren und Babys als Feinde betrachten? Wer ist bereit, seinen Nationalstolz einer Weltregierung unterzuordnen, auf eine maximale Ausbeutung der Welt zu verzichten und stattdessen eine kontrollierte und begrenzte Nutzung zu akzeptieren?

Doch die Logik der Ereignisse zwingt uns in jene Richtung. Die Geburtenziffer sinkt in den Nationen, die Zugang zur Geburtenkontrolle haben. Die sexuellen Sitten lockern sich überall. Die Menschen sorgen sich erstmals um die Umwelt.

Vor allem und ermutigenderweise geht der Patriotismus zurück. Die soziale und wirtschaftliche Zusammenarbeit nimmt zu, und es herrscht sichtlich völlige Klarheit darüber, dass ein großer

Krieg, vor allem zwischen den USA und der Sowjetunion, unzulässig ist. Doch ist es diesen Nationen nicht nur untersagt, sich zu bekämpfen, sie dürfen sich nicht einmal mehr verbal befehden.

Der Fortschritt in der angedeuteten Richtung scheint keine Frage der freien Wahl zu sein. Die störrische Menschheit bewegt sich unter dem Druck der Umstände allmählich vorwärts. Doch vollzieht sich dieser Fortschritt nicht rasch genug. Das Bevölkerungswachstum schreitet weiterhin schneller fort als die Erziehung zur Geburtenkontrolle; die Verschmutzung der Umwelt wächst weiterhin rascher als unsere Bereitschaft, Abhilfe zu schaffen; schlimmer noch, die Nationen streiten sich immer noch verbissen und stellen ihren provinziellen Stolz über Leben und Tod der menschlichen Art.

Zweifellos kann die Menschheit eine weitere Generation ständig wachsender Beanspruchung nicht überleben. Wenn es so weitergeht wie bisher und die Veränderungen nicht schneller als bis zum Jahre 2000 eintreten, wird die technologische Struktur der menschlichen Gesellschaft fast mit Sicherheit zerstört sein. Die Menschheit, in barbarische Zustände zurückgeworfen, könnte dann durchaus ihrer Auslöschung entgegensehen und der Planet selber ernstlich seine Fähigkeit einbüßen, das Leben zu erhalten.

Die gute Erde stirbt. Darum sollte man im Namen der Menschheit etwas tun; harte, aber notwendige Entscheidungen treffen. Schnell. Sofort.

Mai 1971

»Der Diogenes Verlag will durch lesbare Literatur unterhalten, durch Neues vor den Kopf stoßen, aber auch Altes neu entdecken; das ›Neue um des Neuen willen‹ übersehen und so das Modische vom Modernen unterscheiden. So viel wirklich Neues kann es gar nicht geben. Echte Avantgarde, sagt Karl Kraus, ist nichts anderes als der mutige Rückschritt zur Vernunft – und an das Neue, das nur aussieht wie das Alte, muss man sich erst gewöhnen.«

DANIEL KEEL

Aus dem Englischen von Fritz Kraus und Emil Roniger. Ausgewählt und mit einem Vorwort von Gertrude und Thomas Sartory
96 Seiten

»Ich bin kein Visionär, sondern beanspruche, ein praktischer Idealist zu sein.« – Die Gedanken des Mahatma, der ›großen Seele‹, sind universal und menschlich, sie führen mitten in die Gesellschaft hinein und zeigen, wo wir Verantwortung zu übernehmen haben. Wichtigstes Mittel im Kampf für Gerechtigkeit ist die Kraft des Geistes.

Gedicht
Aus dem amerikanischen Englisch und mit einem Nachwort
von Jürgen Brôcan. Mit einem Vorwort von Doris Dörrie
448 Seiten
Auch erhältlich als eBook

Mit ihrem Hund streifte Mary Oliver durch die Landschaft New Englands und verfasste die wohl bekanntesten zeitgenössischen Gedichte über die zarten Erscheinungen der Natur. In ihren klaren, scheinbar schlichten Beschreibungen fühlen wir uns aufs Tiefste mit der physischen Welt verbunden. ›Sag mir, was hast du vor mit deinem wilden, kostbaren Leben‹ ist das von Oliver selbst zusammengestellte Best-of ihres Schaffens. »Aufmerksam zu sein«, schrieb sie, »ist unsere unendliche und zweckmäßige Aufgabe.«

Aus dem Altgriechischen von J. G. Schultheß und K. Enk
Herausgegeben von Wolfgang Kraus
144 Seiten
Auch erhältlich als eBook

Unabhängigkeit und Glück – wer hätte davon nicht gerne mehr? Diese Sammlung der kleinen Weisheiten eines großen Stoikers lehrt uns innere Freiheit, Gelassenheit und ein zufriedenes Leben. Ein Meisterwerk der Lebenskunst, das bereits Goethe, Montesquieu und Hannah Arendt zurate zogen.

Herausgegeben, aus dem Russischen übersetzt und
mit einem Vorwort von Peter Urban
144 Seiten

Wie soll man leben? Diese Frage hat schon die alten Römer beschäftigt. Der Philosophenkaiser Marc Aurel hat sich dazu geerdete Gedanken gemacht, die seit jeher Generationen von Menschen als Anregung dienen.

Die Säulen seines Denkens – Weisheit, Stärke, Gerechtigkeit und Mäßigung – verhelfen zu Gelassenheit und Seelenfrieden.